Irénée Sekele

Dans l'ombre du destin

Irénée Sekele

Dans l'ombre du destin

Éditions Muse

Cover image: www.ingimage.com

Publisher:
Éditions Muse
is a trademark of
Dodo Books Indian Ocean Ltd., member of the OmniScriptum S.R.L Publishing group
str. A.Russo 15, of. 61, Chisinau-2068, Republic of Moldova Europe
Printed at: see last page
ISBN: 978-3-639-63698-7

DANS L'OMBRE DU DESTIN

ACTEURS

- Roland, Père de Rayan
- Malte, mère de Rayan
- Rayan, diplômé d'Etat et fils de Roland
- Bob, ami dc Rayan
- Thalot, ami de Rayan
- Bitha, amie de Rayan
- Malick, chef d'entreprise
- Mike, ami de Malick et comptable de l'entreprise
- Le Pasteur
- Mudogo, adepte
- Yvan, Modérateur
- Deux prostituées

ACTE I

SCENE I

(*La scène s'ouvre avec Malte qui est au salon en train de réaliser ses travaux de ménages et Roland s'apprêtant à se rendre au boulot. Apparaît Rayan, leur fils, qui est sur le point de sortir*)

Malte : (*l'interrompant*) Où te rends-tu avec ce solide empressement ? la journée a à peine commencé. Tu serais utile à mettre un peu d'ordre à la maison. (*Roland rentre dans la chambre, cherchant quelque chose*)

Rayan : Mais maman, j'ai assez grandi. Je me lasse de continuer à réaliser ces travaux de ménages qui sont pourtant l'apanage des femmes. Je suis un homme après tout.

Malte : Ecoute, mon garçon ! te demander pareil service n'est nullement synonyme de dépriser ta masculinité. Bien au contraire ! D'ailleurs, viens t'asseoir, mon chéri pour qu'on discute un peu (*Ils vont s'asseoir et Malte entame la conversation pendant que Roland est encore dans la chambre*)...Puisque tu ne cesses de me rappeler que t'es plus un mineur à qui on doit tout dicter ; alors dis-moi, mon garçon, ce que tu comptes entreprendre pour ton avenir maintenant que tu as achevé tes études humanitaires avec une brillante réussite.

Rayan : Ma jeunesse est encore très pesante pour que je détermine exactement et sereinement ce que je veux être. Les sollicitations affluent, charriant avec elles un réseau d'incertitudes dans lequel je me sens complètement empêtré.

Malte : J'essaie de comprendre ta difficulté. Ne t'en veux pas pour cela. Il est vrai qu'à cet âge, ce qui vient le plus à l'esprit, c'est le prestige ; on veut courir derrière le succès convoitant telle ou telle autre personne qui se tape une influence. C'est qui est au moins évident, c'est qu'il arrive toujours l'impression d'entendre une voix intérieure qui incite ton inclination vers une quelconque réalité. Alorschéri, à laquelle ressemble la tienne ? (*Roland sort discrètement de la chambre derrière en nouant sa cravate sans qu'ils ne s'en rendent compte*)

Rayan : Oui, tu as raison, maman. Malgré les grandes ambitions que je me donne... il y a davantage une passion pour la musique qui se développe au fond de moi. Je voudrais être un grand musicien.

Roland : (*L'interrompt énergiquement*) : Hors de question ! c'est une ville passion à laquelle tu devras immédiatement renoncer.

Rayan : (*un peu terrifié et sur un ton un peu craintif)* ...Mais Papa, c'est ce à quoi j'ai plus d'aisance et pour lequel je ressens de la vitalité.

Roland : Trêve deparole ! as-tu pu songer un seul instant à l'infamie que tu aurais infligée à la famille en devenant musicien alors que t'as été élevé dans des conditions idoines ?

Malte : Stp chéri...laissons à l'enfant l'opportunité de...

Roland : La séance est levée ! plus un mot en plus. Chacun regagne son service. (*Rayan sort premier en courant vers la chambre, Malte ensuite...et Roland s'en va au travail.*

SCENE II

(*Rayan est au salon traversant d'un bout à l'autre, avec un air pensif et lassé)*

Rayan : ça fait des années depuis que je cherche inlassablement à me tirer de ce pétrin pour une vie digne et sans contrainte. Mais le destin ne m'offre aucune issue. Tous les jours, résonnent amplement dans mes oreilles, les cris qui me rappellent la vulnérabilité de mon être. Toutes les choses me paraissent davantage affreuses et mes peurs pour ma destinée ne font que s'amplifier si bien que mon espoir flétrit. (...*un petit silence*) je suis foutu. (*Il va s'asseoir*)

L'entrée de Bob qui s'inquiète sur l'attitude de Rayan

Bob : Salut, frérot. T'as l'air désarçonné. Aurais-tu des ennuis ? ou comme d'habitude, tu voudrais déballer ton chapelet de raillerie sur des comptes que tu dois à Maman Mapukbé ? (*Il se met à rire aux éclats*)

Rayan : il se pourrait que mes économies aient subi un pèlerinage non désiré ; cela n'aurait guère réussi à ôter ma quiétude la plus intérieure. Le débiteur qui m'est pourtant insolvable, est ma propre conscience. Je n'ai de répit quant au fond de moi, je subis une pression immaitrisable.

Bob : les mots et la manière de le dire peuvent révéler la vulgarité ou la pertinence de la personne qui les prononce, mais aussi la densité du problème dont elle veut faire écho. Il n'est pas de coutume que je te trouve dans cet état, avec tant de sérieux dans ton discours. Alors dis-moi, frérot, la cause de ce changement inopiné qui ne m'est pourtant pas tout à fait préjudiciable. (*Souriant un peu*)

Rayan : Ce n'est vraiment pas anodin que tu ne le prétendes, Bob. Si t'as une force de mémoire, je t'ai une fois fait part de mon projet d'être un musicien de haute classe. Et j'en ai parlé aux parents ; maman s'est montrée un peu coopérative alors que papa l'a rejeté dos à dos me demandant de me garder de nourrir ces ambitions creuses qui sont en fait, a-t-il dit « des viles passions ».

Bob : Que t'a-t-il alors suggéré ?

Rayan : il a sans doute son profit devant les yeux et ne peut que regarder au bout du nez. Il prise certainement tous ces professeurs qu'il voit rouler carrosse, bâtir des palaces, élever des gratte-ciel les longs des ruelles.

Bob : très bien ! Alors, toi, tu ne veux donc pas devenir professeur de peur que tu élèves des palaces, ne roule carrosse ou que tu sois tiré à quatre épingles ?

Rayan : ce qu'énergiquement je réprouve, ce n'est nullement de bâtir, de jouir de la vie. Ce qui me hante au contraire, c'est d'être heureux.

Bob : Bon, j'apprécie ton éloquence qui place les mots à leur juste place avec une intensité convaincante. Toutefois, retiens que le premier pas vers le bonheur consiste à capitaliser tous moments de la vie. Alors, à présent, rendons-nous àOkitaplaza. Tu pourras dissiper tes tourments en voyant trimbaler les petites nanas. (*Ils sortent tous les deux)*

SCENE III

(Malick est dans son bureau en train de fouiller dans les fardes. Mike fait son entrée.)

Mike : Maliiick !! (*Emporté par le travail, il ne se retourne même, et continue à fouiller. Mais Mike continue à appeler avec insistance)* Malick ?? !

Malick : Oh Mike ! Te voilà ! Tu veux bien t'asseoir !

Mike : qu'as-tu à t'éreinter si tôt et à punir ta belle chemise avec cette chaude sueur malgré la douceur de l'atmosphère ? Je serai curieux à découvrir, ce qui t'engage avec tant d'acharnement...

Malick : je fouille les dossiers des anciens employés que mon prédécesseur avait virés. L'entreprise connaît une mauvaise rentabilité. Je me dois de recourir à leur expertise pour me tirer d'affaire. Sinon, c'est dans un chaos total que je sombrerai.

Mike : ah oui, je vois ! Mais il te serait mieux de penser à une secrétaire qui non seulement, en des situations pareilles, les chercherait à ta place, mais aussi se chargerait d'oter tous tes soucis... Tu vois ce que je veux dire ?

Malick : Exactement ! j'en ai plein la tête d'exécuter ce putain de bordel. (*Ils éclatent de rire).*

Mike : revenons quand même à ce que tu viens de dire tout à l'heure. Ça urge qu'on en parle pour trouver une solution de taille.

Malick : le monde est en crise, et les économies pataugent. Le système de marché commun semble imposer une logique qui ne profite qu'au plus nantis au détriment de nous autres des petites entreprises. Pourtant, à ce déséquilibre s'ajoute encore l'éveil de conscience de tous les personnels qui cherchent à ce que soient rationalisées toutes nos stratégies de travail en remettant en question toutes nos anciennes philosophies d'entreprise.

Mike : cela est bien réel. Aujourd'hui, d'ailleurs, pendant que je venais ici, sur le trottoir défilait une foule immense de travailleurs réclamant un traitement digne et du repos proportionnels à la durée d'activité.

Malick : Exactement !l'exaltation emphatique des droits de l'homme mue petit à petit à un véritable problème auquel nous devons faire face si nous ne voulons pas être submergés par les événements. Figure-toi, une entreprise qui a un capital d'une dizaine de millions de dollars produit avec vingt-cinq employés un gain de mille dollars après 24 heures de travail ; comment parviendra-t-elle à répondre efficacement aux besoins de ses travailleurs en leur octroyant en même temps un repos comme ils l'entendent ?

Mike : Ben ! Ecoute, Malick ! je fais les maths, et non pas les problèmes d'entreprise !

Malick : Justement, cela relève de la mathématique-problème et est un problème mathématique.

Mike : Si c'est un problème mathématique, il n'a pas de solution dans N. (Ils se mettent à rire. *un petit silence*) Mais à propos des dossiers, à quoi cela te servirait-il ? Penses-tu qu'ils ne réclameront pas comme leurs pairs leurs droits ?

Malick : Curieuse question ! il est bien temps que tu ouvres les yeux pour voir ce que les autres ne voient pas, et comprendre ce qu'ils ne comprennent pas. Un chef d'entreprise, c'est celui qui a une vision prospective ; celui qui sait voir à travers les événements. Ces hommes qui ont perdu leur job triment et errent çà et là sans trouver à la mesure de ce qu'ils gagnaient ici. Les ramener serait, d'une part, à leurs yeux et aux yeux du monde un acte humanitaire qui accroîtrait notre popularité, et d'autre part, un moyen de dompter et d'aliéner leurs consciencesqui nous resteront profondément redevables, écartant tout tendance à la résistance et à l'insurrection.

Mike : Tu es un grand stratège, Malick ! Ton habilité est sans pareil. Tu sais retourner la force de ton potentiel ennemi contre lui-même.

Malick : L'ennemi potentiel est plus redoutable, dit-on. Voilà pourquoi, il faut se prémunir des moyens efficaces pour le réduire avant son offensive.

Mike : Je suis heureux de partager mon amitié avec toi, mais surtout ta sagesse. Nous nous reverrons demain pour s'assurer de l'effectivité des mesures arrêtées. Et je me chargerai moi-même de leur faire parvenir les notes de réintégration. A plus ! (*Il sort... alors que James reste mettre de l'ordre...et sort quelques minutes après)*

SCENE IV

(Dans un Bistrot se trouvent Rayan, Thalot, Bitha et de l'autre côté deux prostituées qui déhanchent en exhibant des pas de danses sous une musique douce)

Thalot : (*Désignant une fille qui passe)* Voilà au moins une raison de vivre. Regarder dans les yeux ces silhouettes qui rappellent la beauté et toute la grâce de la vierge Marie, wahou tous les soucis s'évanouissent comme les nuages.

Rayan : les problèmes de la vie méritent d'être solutionnés efficacement. L'alcool ou toutes les autres formes d'orgies ne feront que les dissimuler et activer leur latence pour resurgir avec une très grande létalité.

Bitha : Puisque tu fais allusion à des problèmes de vie, laisse-moi en profiter pour vérifier le message qui m'est parvenu. Hier, dans un échange avec Bob, il n'a pas manqué de me dire que tu avais des inquiétudes pour ton ambition à la musique. Si cela n'importune pas ta religion, tu veux bien m'en parler ? *(Bob fait son apparition)*

Rayan : Quand on parle du diable on voit sa queue !

Bob : Qui est ce diable dont on voit la queue sans courir en pagaille dans tous les sens ? *(Ils se mettent tous à rire)*.

Rayan : Pour revenir vers toi, chère Bitha. Je suis profondément contrarié, car mes parents ne m'offrent pas la latitude de pouvoir réaliser ma libre volonté. J'aime la musique, j'en raffole, et... oufs, tu ne peux t'imaginer combien un ver de musique, une mélodie mélancolique peuvent délivrer une âme de toute oppression...

Bob : Ecoute, Rayan ! La vie n'est toujours pas telle qu'on l'entend. Elle n'est pas un jeu où le succès ne résulterait que de sa volonté à réussir. Elle transcende de fois, nos attentes. Il est aussi et souvent souhaitable de se fier à la médiation des autres dans le choix que nous faisons de notre propre vie.

Rayan : voilà une conscience dépersonnalisée qui a cédé paresseusement au règne de la dictature de l'autre. Nous sommes les artisans de notre propre être. Ce que nous sommes et que nous voulons êtres ne dépend que de nous-mêmes. As-tu essayé de te demander ce que serais-tu si seulement tu étais issu du choix des autres ?

Bitha : Je ne voudrai pas reprouver tes convictions, Rayan. Mais voyons un peu, existerait-il un homme qui soit capable de se réaliser dans une totale autarcie ? D'une manière ou d'une autre, ce que nous sommes, s'il ne dépend pas directement du choix des autres, subit au moins leur influence. Tu choisis d'être musicien de haute classe, peut-être parce que tu ne veux pas que ton si prestigieux talent ne sombre comme celui d'un autre que tu as rencontré ou connu dans l'histoire. Comme pour dire, aussi talentueux que nous soyons, nous avons toujours besoin des autres, de leur concours.

Thalot : Une longue dissertation qui a semblé me rappeler tout l'altruisme de Gabriel Marcel. Tu serais mieux une philosophe, Bitha. Et tu ferais carrière avec ça et une grande renommée.

Rayan : C'est exactement cela le véritable aléa auquel est buté notre monde. On juge si hâtivement une personne à partir des faits essentiellement superficiels au détriment de ses qualités les plus éminentes. Nos écoles sont devenues aujourd'hui des lieux où les talents sont sacrifiés. Car on y songe moins aux capacités des apprenants et nécessités sociales pour établir les programmes d'enseignement.

Bitha : un fait est vrai, nous sommes restés cloîtrés dans le système installé par le colonisateur sans pour autant envisager des mesures susceptibles de favoriser la prise en charge consciente et responsable de notre propre destinée. Mais je vois au-delà de cet aspect de chose l'aplomb le plus crucial : c'est qu'aujourd'hui, les options de vie sont optées non pas en fonction des compétences et performances de chacun, et surtout du talent personnel, mais surtout des bénéfices que tel ou autre domaine octroie. C'est ainsi que nombreux sont ceux qui chavirent dans le bateau de leurs ambitions démesurées.

Rayan : Assurément ! Tu commences à comprendre ; il faudrait que chacun en prenne conscience.

Bob : l'heure avance, nous devons nous tirer d'ici. L'insécurité est grande dans ce quartier. Il est plein de soudards et des scélérats qui n'ont dans la conscience que la violence.

Thalot : (*Pendant que tout le monde se lève)* le malchanceux qui se hasardera à se planter sur notre chemin, je lui donnerai une raclée exemplaire. (*Ils se mettent tous à rire et pendant sortent de la scène, Thalot se retire un peu et invite discrètement Rayan)* Rayan, j'ai un petit truc très confidentiel que je voudrais te suggérer. ... En fait, dans mon quartier, il y a un pasteur qui a un incroyable don de prophétie. Il nous rassure qu'il communique directement avec le Saint-Esprit et j'y ai cru à partir de ce que j'ai vu et vécu moi-même. Je suis persuadé qu'il t'aidera à te tirer de cette huche.

Rayan : Merci de te soucier tant de moi. Nous nous y rendrons demain. (*Ils sortent de la scène*)

SCENE V

(*Mike est dans son bureau. Pendant qu'il travaille, quelqu'un frappe à la porte. C'est Roland son ami*)

Malick : ...oui, Entrez ! (*Mike fait son apparition)* ... Qu'est-ce que je rêve ! Roland ! (*Ils se serrent chaleureusement les mains)* Un fantôme ou vraiment une réalité ! Quelle surprise ? J'ai hâte de savoir ce que me vaut cette visite.

Roland : C'est bel et bien moi, cher Roland. Un fantôme n'a en tout cas pas de chair ni d'os. Pourtant, j'ai du sang chaud qui circule dans les veines. Sauf si tu me dis que j'ai changé (*Ils éclatent de rire)* ... mais toi, là, je vois ce ventre qui ne fait que pousser.

Malick : tout semble changer en toi, sauf ton caractère humoristique et taquin. Pas de protocole pour te prier de prendre place pour qu'on discute à tête reposée.

Roland : Avec plaisir ! en fait, je suis très honoré par la grande renommée que ton entreprise a pu se constituer par la qualité de ses services. Tout le monde, même l'homme ordinaire en fait éloge.

Malick : Merci du compliment. J'en suis pleinement flatté. En fait, cette entreprise a frôlé la chute. La pression concurrente a été pesante avec l'avènement du marché commun qui ne cesse de dicter ses principes. Il faut sans cesse innover, se mettre à jour pour ne pas sombrer dans l'obsolescence.

Roland : Effectivement, le système capitaliste est véritablement un défi majeur qu'il faut forcément désarmer si l'on veut réussir. En effet, il a réussi à nous inculquer savamment l'idée selon laquelle aucun développement n'est possible sans un recours à l'occident.

Malick : Je réfléchissais exactement dans cette même perspective. Mais, il faut aussi se rendre compte qu'ils se sont investis à accorder à l'expression « développement » le sens qui renverrait à leur mode de vie comme référence. Et la mondialisation sur laquelle insistent tous les médias et les grandes bouches, renforce simplement le complexe de ceux qui se cherchent encore si bien qu'ils se voient incapables de se propulser de leurs propres initiatives.

Roland : Au moins, moi, je reste toujours persuadé que l'Afrique peut et doit se développer à l'Africaine. Car, la mondialisation n'est que le prolongement du capitalisme, mieux encore de l'occidentalisme avec sa propension prédatrice. Pourtant, l'Afrique, en effet, est loin d'en découdre avec cette oppression occidentale. Puisque nous africains, et nos politiques, sommes les seuls à sustenter la perpétuation du colonialisme. Tu sais, Malick, j'entendais résonner les éloges sur la communauté internationale dans ma tendre enfance avec toute son innocence, et je me disais que c'était la prestigieuse réussite de notre siècle traduisant le plus haut degré de solidarité humaine qu'on ait atteint. (*Pause*) Mais maintenant, je réalise que ce n'était qu'une pure hallucination. Car ce n'est que l'aspect mercantile qui passe au premier plan dans les mouvements présumés philanthropiques.

Malick : Pour ne pas aller trop vite dans les conclusions, je me dis peut-être que tu as été si optimiste devant le sort du monde, pourtant en désenchantement. Mais il ne faudrait pas, en revanche, sombrer dans l'autre extrême ; celui de s'enfermer dans un pessimisme face à son destin. Le monde recouvrera un jour sa belle figure. Certes, l'économie est devenue le principe régulateur de toute la vie en subvertissant le cadre politique. Mais si toutes les valeurs morales et humaines sont aujourd'hui mises en vente, c'est parce que nous avons hisser la célébrité, la popularité au rang des priorités.

Roland : Tu touches là, le véritable sujet qui a motivé ma présence hic et nunc. C'est à propos de mon fils Rayan. Malgré tous les prestiges et tous les luxes dans lesquels il a été élevé, il fait de la musique son aspiration la plus profonde et s'y tient fermement.

Mike : Tu lui en veux donc pour cela ? Qu'aurais-tu alors souhaité qu'il fasse ?

Roland : Tu ferais mieux d'arrêter d'euphémiser quand on doit traiter d'un sujet d'une si grande envergure ! Tu te figures le fils d'un respectable cadre que je suis, en train de pavaner les rues faisant la cour à des petites valeurs que véhiculent nos musiciens ?

Mike : Ne sois pas si intransigeant de premier abord. Il est encore jeune. Accorde-lui simplement du temps. Dès qu'il se sera remis de la fougue de son adolescence, il comprendra que certains choix ne sont pas à porter. Le travail que tu dois abattre, c'est de discuter avec lui, l'écouter et l'aider à un discernement libre et lucide.

Roland : Je te suis profondément reconnaissant et te remercie très sincèrement pour l'échange de tout à l'heure.

Mike : Avec plaisir. Et surtout à très bientôt ! (*Ils sortent de la scène et Roland rentre satisfait chez lui. Entrant chez lui, il trouve Rayan en train de lire son journal musical)*

Rayan : Bon retour papa !!! Vous revenez un peu étrangement en retard aujourd'hui. Le travail devrait avoir été immense que d'ordinaire. Puis-je vous offrir un peu d'eau pour vous remettre de votre fatigue et dissiper tous les stress de la journée.

Roland : Avec plaisir, fiston ! Mais surtout, pas seulement de l'eau mais aussi du fufu. Papa a tellement travaillé ! (*On lui apporte de l'eau et de la nourriture qu'il dévore avec plein d'appétit pendant que Rayan continue de lire son journal)*

... Humm !!! Qui a concocté ce plat si délicieux ? Ça me rappelle la sauce à l'indienne que j'ai savourée à Wumbaï en dix-neuf cent soixante-quinze quand Mobutu s'emparait du pouvoir, par coup d'Etat...

Rayan : Paapaa !!!! la saveur vous a fait perdre toute l'histoire. En septante-cinq, Mobutu était déjà au pouvoir depuis près d'une dizaine d'années.

Roland : Exactement, c'est ce que je disais. Je voudrais juste jauger le niveau de ta culture. (*Ils se mettent à rire. Et Roland finit son repas. Il avance vers Rayan pour entamer une conversation)* approche, mon garçon. Je voudrais qu'on discute un peu sur l'orientation à donner à ta vie...

Rayan : Papa, j'ai déjà été assez clair à ce sujet, et j'y suis revenu maintes fois. Ma passion, c'est la musique. Devenir un musicien de haute classe est mon unique et ultime ambition.

Roland : Ecoute, mon garçon ! Tu es un homme bien et plein de qualités. Tu es d'une brillante intelligence. Le monde évolue, il a besoin des cadres comme toi. Tu ferais un bon PDG, roulant carrosse et toujours tiré à quatre épingles.

Rayan : Voilà ! Je ne pouvais m'en douter que vous en arriviez là. Ce qui vous intéresse, c'est de l'argent et le succès matériel. Permettez-moi de vous poser une petite question : pourquoi n'êtes-vous pas devenu vous-même PDG ? Pour être honnête, papa je suis désolé. Vous risquez de gâcher ma journée. *(Il sort furieux précipitamment)*

Roland : (*d'un ton un peu* timide) ...Mais nous ne voulons que ton bonheur ! (*Pause*) C'est regrettable si nos enfants ne comprennent pas qu'ils doivent, pour réussir, suivre les traces sur lesquelles ont marché leurs prédécesseurs, en lieu et place d'une infantile témérité ! (*Il sort de la scène)*

SCENE VI

(Dans la rue, un pasteur prédit l'avenir. La scène est constituée d'un pasteur et de quelques deux fidèles)

Pasteur : Aaamen, frère ! (*Ils répondent*) Dîtes-le plus fort, et faîtes-le retentir pour que le trône de Dieu tremble et soit secoué. Le miracle de Dieu s'accomplira sur vous aujourd'hui. Hummm !!!!! Je vois la gloire de Dieu descendre sur le frère qui se tient débout à ma droite...hummm ! l'Esprit Saint me révèle que le soleil se levera demain à l'Est pour confirmer ta rédemption (*tous crient*)Ameeeen !!!. (*Survient soudainement Mudogo tout essoufflé)*

Mudogo : Pasteur ! Pasta ! venez à mon secours ! Pasteur, Pasteur !

Pasteur : voilà une âme que le Seigneur vient de sauver. Les sorciers ont voulu jeter un mauvais sort sur toi de sorte que tu respires toujours si cruellement. Mais la gloire du Seigneur va se manifester ici.

Mudogo : j'étais allé rendre visite à ma belle-famille pour fixer les dispositions relatives à la dote de ma fiancée. Mais à mon arrivée, mon beau-père a déchainé le chien qui s'est précipité sur moi, et ce maudit a failli m'arracher mes derrières. J'ai couru à l'allure d'un TGV pour venir chercher asile ici chez vous.

Pasteur : Dieu sait éprouver les siens quand il les prépare à des grandes responsabilités. Réjouis-toi d'avoir été banni par lui, puisque c'est toi qui les tireras de la pauvreté. (*L'entrée de Rayan et son ami Thalot)*

Mudogo : Amen ! Pasteur.

Pasteur : va en paix. Le Bonheur résidera chez toi aujourd'hui.

Thalot : Bonjour mon révérend. J'ai emmené à Jésus, par toi mon ami qui a un problème de...

Pasteur : Humm !!! je vois. (*Les fermés et Thalot également ferme les siens)* Tes oncles au village ont bloqué ton visa pour l'Europe. Mais ne t'inquiètes. L'éternel combattra pour toi. Tu seras un grand PDG...

Thalot : Ameeeen !!!! (*Mais à ce moment Rayan est déçu et se retire de la scène. Le pasteur et*

Thalot rouvrent les yeux et s'aperçoivent que Rayan n'y est plus) ... Mais où est-il ?

Pasteur : Ohh Mon fils ! Pourquoi te mets-tu à le chercher ? La gloire de Dieu par son feu éternel l'a emporté comme il en fit pour Elie devant Elisée... (*Thalot sort de la scène. Et le pasteur quelques minutes après lui.)*

ACTE II

SCENE I

(*Dans la rue, Bitha aperçoit Rayan désemparé*)

Bitha : Que t'arrive-t-il, Rayan ? Ce n'est pas de coutume que je te trouve dans la rue, pire encore dans cet état.

Rayan : Je suis complètement perdu, je suis foutu, je... (apparition *soudaine de Thalot qui interpelle vivement Rayan*)

Thalot : Qu'as-tu fait là, Rayan ! Comment pourrais-tu te retirer si vilement pendant que le pasteur était en train de prophétiser sur toi ? Ce ne sont en tout cas pas des balivernes. Tu dois apprendre à écouter si tu veux réussir !

Bitha : (*prononçant mot à mot)* Un pasteur ??? Tu as donc été voir un pasteur ?

Rayan : Je vais t'expliquer, Bitha. Tu ne peux pas t'imaginer ce que je ressens à l'instant. Mon cœur, mon âme...tout mon être est en cage. Dans un entretien avec papa une fois de plus, il s'est obstiné dans sa position et voudrait me voir devenir PDG. Et tu peux comprendre que ce maudit pasteur en dépit de certaines contradictions, lâche qu'il voit briller en moi l'étoile d'un PDG...

Bitha : Et c'est ce qui t'a dépouillé de toute ta quiétude ? comment peux-tu te laisser emporter si naïvement à des prédictions fallacieuses de ce pasteur ?

Thalot : Je ne te permets pas d'importuner notre pasteur. C'est l'incarnation de Saint Jean. Tu connais saint Jean ? celui de l'Apocalypse. Penses-tu qu'il soit idiot en disant tout comme le père de Rayan qu'il deviendra PDG ? il communique directement avec l'Esprit-Saint.

Bitha : Simple coïncidence ! En fait, je ne voudrais ni dénigrer ni défier votre pasteur, Thalot. Mais soyons au moins honnêtes ; as-tu déjà appris qu'il a dit à quelqu'un qu'il sera pauvre, misérable ?

Rayan : Et il ose sans honte raconter que mes oncles au village ont bloqué mon visa, pourtant, non seulement je n'ai pas d'oncles au village mais pire encore, je ne sais même pas où se trouve une seule ambassade européenne dans notre pays (*ils se mettent à se moquer de lui. Thalot se sent gêné, et s'en va)*

Bitha : Albert Enstein disait que « chacun d'entre nous est un génie. Mais si vous juger un poisson par sa capacité à grimper sur les arbres, il passera toute sa vie à croire qu'il est stupide. Ce que je peux donc te dire aujourd'hui, c'est de faire ce que tu sais faire, ce dont tu es capable.

Rayan : Merci beaucoup, Bitha ! Qu'est-ce que tu es cultivée ! Alors dans quel livre, Enstein le dit-il ?

Bitha : Ben !! Dans ... en fait, je ne sais pas du tout ! Mais au moins, c'est lui qui l'a dit. Peut-être quand il pêchait ! (*Ils se mettent à rire et sortent de la scène)*

SCENE II

(Dans la rue, Rayan et Bob se croisent de manière inopinée. Rayan l'accoste pour lui faire part de sa situation)

Rayan : Bonjour, cher Bob ! ça fait belles lurettes depuis que tu t'es complètement éclipsé de la surface. Où te serais-tu donc passé ? Tu es devenu invisible !

Bob : Salut, Rayan. Je suis très préoccupé par mes travaux de chantier qui m'exigent un maximum de concentration. Je préfère m'y consacrer sérieusement pour les achever avec succès. Et après, je pourrai recouvrer le rythme habituel.

Rayan : C'est génial, mon grand. Quant à moi, suis constamment contrarié. Je ne cesse de subir d'intenses pressions intérieures. D'une part, pullulent des révélations captivantes et essentiellement prometteuses d'un avenir radieux, tandis que de l'autre, oscillent mes ambitions, mes passions et convictions profondes. Je ne sais plus à quoi me vouer.

Bob : Que désires-tu en réalité, Rayan ? Le succès matériel ou un bonheur parfait qui résulterait de l'accomplissement d'une volonté libre ? L'instabilité ne fait pas un homme responsable et respectable. De toutes les façons, mon programme est serré. Je commence à avoir ras-le-bol de tes râleries. (*Il s'en vouloir entendre un seul mot*)

Rayan : Mais Bob ?? ... oufs! Je suis devenu une vedette ; mais à la différence, les regards sont rivés sur moi pour tirer des leçons de la pusillanimité, de l'incapacité à prendre courageusement position. Je vaudrais alors moins qu'un homme mort. (*Il sort inquiet de la scène et rentre chez lui à la maison. A son arrivée, il trouve sa mère assise au salon)*

Malte : Que signifie cette anxiété qui se lit sur ton visage ? Aurais-tu des ennuis, mon fils ?

Rayan : Maman, je n'ai plus une raison de vivre. Autant m'évader de ce monde si indifférent aux souffrances des autres. Sincèrement, la peur m'envahit relativement au choix de vie que je dois porter. Je me fais bannir par mes propres amis parce que je ne sais plus sur quel pied danser.

Malte : Viens t'asseoir près de moi, mon garçon ! Tu sais quoi ? Quand tu gis dans une totale obscurité, même ta propre ombre que projette une petite étincelle de lumière peut te faire peur.

La peur est une vilaine maladie. Nos pensées, nos sentiments créent notre monde. Et tout ce qui nous arrive, nous les avons tirés à nous soit par nos pensées soit par nos sentiments. Nous devons, à cet effet, apprendre à changer nos pensées ou sentiments négatifs en pensées ou sentiments positifs. La vie, c'est aussi question du courage. Il faut donc s'armer du courage pour lutter. Et le véritable combat, est celui mené contre ses pulsions, et sa peur, si l'on veut réussir. La réussite ne dépend que de nous, mais à condition qu'on veille à bien la définir.

Rayan : Mais, maman t'es une chrétienne, mais tu ne fais nullement mention du destin ou de Dieu. C'est étrange alors.

Malte : Exactement ! Le destin n'existe pas. C'est nous qui le formons en nous ! Quant à Dieu, si tu lis fidèlement les Evangiles, tu t'y apercevras que Jésus-Christ n'accomplissait pas de miracles sans la propre implication du nécessiteux. La volonté de Dieu, en effet, est toujours attentive à la nôtre.

Rayan : Tu peux avoir raison, maman ! Toutefois, Je commence à être persuadé que les religions dans notre pays s'érigent davantage en des ennemis numéro Un de l'émergence de nos sociétés en dévaluant la vertu du travail. Figure-toi, un homme de Dieu organise une séance de prière durant quarante jours 24h/24h et l'impose à ses fidèles sous prétexte qu'ils obtiendront le voyage, le mariage et tous les bonheurs matériels. Comment ces derniers trouveront de quoi subvenir à leur besoin et répondre à l'éducation de leurs enfants ?

Malte : C'est là que je trouve la force de l'Eglise catholique dont je partage la foi, et sa spécificité contrairement à tous ces mouvements sectaires qui développent une conception thaumaturgique de Dieu. Certaines personnes n'ont pas compris qu'elles doivent se débarrasser de ces prédictions démagogiques et être des protagonistes, des pro-acteurs de leur propre développement. (*Pause)* Bon ! on a longtemps discuté, c'est l'heure de se reposer. (*Ils sortent*)

SCENE III

(*Bitha vient trouver Rayan au salon pour le réconforter*)

Rayan : (*on frappe à la porte*) Oui, veuillez entrer avec plaisir. (*Bitha fait son entrée*). Wahou ! Quelle surprise ! Je t'accueille avec joie dans notre modeste domicile. Tu veux bien t'asseoir.

Bitha : Merciii ! Le plaisir est partagé ! Alors comment te portes-tu ?

Rayan : Assez calme et serein ces derniers temps, merci.

Bitha : ça me réjouit. Tu as finalement trouvé une solution ?

Rayan : Pas tout à fait ! Mais j'ai de toutes les façons trouvé une issue, et je voudrais d'ailleurs en discuter avec toi. Au fait, je me dis que me lancer dans l'art romancier me paraît favorable et comblera en grande partie mes attentes.

Bitha : Génial comme idée. Quelles sont alors tes attentes ?

Rayan : Me tenir devant un grand auditoire. Ainsi, en étant romancier, comme un musicien, je me trouverai devant un grand public avec lequel je peux communiquer, échanger mes idées à travers des textes.

Bitha : Cette orientation me paraît plus plausible. Et je t'y encourage !

Rayan : Merci infiniment. Et de ton côté, que penses-tu pour toi-même ? Ne me dis surtout pas que tu as contracté un fiancé à côté !

Bitha : Oh non ! Rien de tel ! Si la question t'était renvoyée, que m'aurais-tu suggéré ?

Rayan : Véritable équation ! Ben ! Sincèrement tu es une femme de bien, tu sais toucher le cœur, tu as le charme et le talent de l'éloquence. Il te convient la toge noire pour mieux mentir... (*ils se mettent à rire*)

Bitha : Tu es drôle, toujours comique et humoriste ! Franchement, je pense à cela aussi. Devenir avocate est ma passion.

Rayan : Voilà, courage ! Moi, je dirai aux parents que je vais me rendre à l'université leur laissant croire que j'ai mordu à leur proposition. Et là à l'université, je suivrai mes rêves !

Bitha : Tu es alors un grand stratège ! Bonne chance, Rayan ! Je vais devoir te quitter. Merci de l'échange.

Rayan : Avec plaisir ! Je t'accompagne. (*ils sortent ensemble*)

(*Roland rentre du travail un peu épuisé*)

Roland : (*A voix basse*) Ma foi ! Après une journée cruelle avec une chaleur torride, voilà que la maison est déserte. (*Il appelle)* Il n'y a personne ici ?

Malte : (*Répond dans la chambre*) Nous y sommes, chéri ! (*Elle vient au salon*)

Roland : Trouvez-moi de quoi me rafraichir.

Malte : (*Elle crie à son fils qui est dans la chambre)* Rayan, apporte une tembo bien tapée pour papa.

Roland : (*En criant également*) Du fufu aussi. J'ai une faim de loup. (*On lui apporte la bière et du fufu qu'il dévore avec appétit jusqu'à la fin*) Ahhh ! Une journée très particulièrement horrible. Le monde est en dérive, les valeurs renversées.

Malte : C'est le refrain de tous les jours surtout quand on veut laisser croire que le passé a été meilleur.

Roland : Je ne veux rien prétendre. C'est une évidence. Notre époque a été de loin meilleure que celle-ci. Comment se peut-il que dans un transport commun, que l'on trouve d'abord péniblement, un garçon de rien du tout se permette de botter le cul à un homme de ma trempe ? Il ne se gênait donc pas de rester assis confortablement manipulant son smartphone pendant que j'étais débout juste à ses côtés. Et dès que j'ai osé l'interpeller. Le pauvre s'est enflammé et s'est déchargé sur moi, me disant que je devrais me mettre à jour et quitter l'archaïsme.

Rayan : (*Se moquant de lui*). Exactement, le monde évolue, papa. Vous devez acquérir une nouvelle vision des choses.

Roland : Mais toi, la rentrée académique pointe à l'horizon. As-tu changé ta vision des choses ?

Rayan : Evidemment. Comme vous me bouter à m'exprimer, laissez-moi vous avouer que je me rendrai à l'université. (*Tous sont stupéfaits de sa décision*)

Roland : Ne me dis surtout pas que t'es sérieux, là !

Rayan : Mai je vous le jure !

Roland : S'il en est ainsi, tu vas immédiatement apprêter ta valise pour te mettre en route demain de sorte que tu te hâte à obtenir l'inscription puisque les cours redémarrent la semaine prochaine.

Rayan : (*Tout joyeux*) je vais à l'université demain ??? Merciii Papa !!!! (*Il s'en va dans la chambre et les autres sortent de la scène)*

SCENE IV

Roland : (*il compose le numéro de son ami Mike*) ...Allo ! Mike, accepterais-tu de venir me trouver à l'espace Okitaplaza ?...D'accord, à tout à l'heure ! (*Il sort de la scène et s'empresse à aller rencontrer son ami Mike, tandis que Rayan s'en va trouver Bitha pour lui raconter le succès de son intrigue*)

Mike : (*Ils sont dans le bar autour de quelques bouteilles de bière*) Alors Roland, dis-moi qu'est-ce que nous célébrons autour de ces bouteilles de bière ?

Roland : Je suis le plus heureux père. Mon fils m'a finalement écouté. Il ira donc à l'université pour embrasser une carrière universitaire.

Mike : C'est surprenant ! Je t'avais prévenu qu'il fallait juste lui accorder le temps.

Roland : C'est la raison pour laquelle je t'ai invité à festoyer avec moi pour célébrer cette victoire. Dj de la douce rumba. (*ils exhibent quelques pas de danse et sortent de la scène sous la douce mélodie musicale. Et dans la rue, Rayan rencontre Bitha*)

Rayan : Qu'elle est immense mon éphorie, Bitha !

Bitha : Qu'est-ce qui l'a tant incitée ?

Rayan : Mon intrigue a réussi. Papa et maman ont accueilli avec enthousiasme, ma décision d'aller à l'université. Je suis donc venu en hâte pour te remercier.
Bitha : Je suis flattée. Alors tu viendras avec nous demain ?
Rayan : Evidemment ! (*Ensemble)* Vive l'Université !!! (*Ils sortent de la scène*)

Le jour se lève, Rayan sort de sa chambre avec ses effets pour se lancer à la nouvelle aventure

Roland : Une nouvelle aventure s'ouvre pour toi. Tu as un objectif noble. Fonce et fonce toujours. N'abandonne jamais. Pour aller loin, il faut apprendre à gérer ses énergies et ne pas les disperser dans les manifestations inutiles.
Malte : Courage et bonne chance, Mon garçon. Tu vas tellement me manquer...
Rayan : Merci, maman. Toi également. Mais nous nous reverrons sous peu. (*Les parents l'embrassent et l'accompagnent en sortant en même temps dela scène*)

SCENE V

(*Sur une scène bien apprêtée, Rayan le romancier est invité à présenter son nouveau roman*)

Modérateur : Mesdames, messieurs, les événements d'une pareille obédience sont d'une ampleur généralement différente de nos jours. Car, nous raffolons les belles affiches de nos téléviseurs qu'un petit livre, roman qui traduit tous les charmes d'un esprit fin et d'une célèbre ingéniosité qui fait revivre notre quotidien sous une petite plume. C'est pourquoi, Mesdames, messieurs, je vous laisse découvrir, sous vos chaleureuses ovations, celui qui fait vibrer vos cœurs et vos organes, du plus grand au plus petit, et vous donne toujours une raison d'espérer encore malgré le pétrin dans lequel vous vous trouver enlisés, (...) le célèbre romancier Raayan. (*Rayan entre sous les chauds applaudissements du public*)

Rayan : (*il tient son discours avec tout le charme littéraire, respectant les soupirs et les rimes*)

Cette circonstance m'est particulièrement plus que la présentation d'un livre,
Elle est plutôt la célébration du triomphe d'une volonté libre.

C'est ainsi que je vais vous conter une petite histoire,
Qui retrace non pas une défaite mais une victoire.
(...) En fait, les anciens dans leur grande érudition,
Nous ont légué une énorme sagesse qui a toujours souligné,
Que la vie est un combat.
Mais contre qui s'emploie-t-on de droit ?
Il s'agit avant tout d'un combat contre soi-même, contre ses peurs et ses pulsions,
Contre ses divers sentiments et émotions.
En être vainqueur, c'est réussir de la meilleure manière
Que de s'en prendre aux autres.
Chacun de nous a un énorme talent, un grand potentiel
Qu'il ne revient qu'à lui-même de le rendre réel.
Le destin n'existe, c'est nous qui le formons dans notre inconscient psychique.
On peut le changer, s'il est bien évident.
Mais il faut le vouloir et s'y engager fermement,
J'en ai aujourd'hui la nette certitude.
Le mot le plus profond que j'aimerai vous adresser en ce moment,

C'est que le succès sourit à ceux qui se donnent d'exécuter leur libre volonté.
Les latins ne clamaient-ils pas vaillamment que : « audacesfortunajuvat » ?
Je vous remercie !

FIN

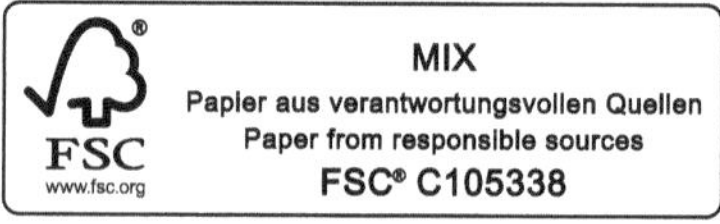

Printed by Books on Demand GmbH, Norderstedt / Germany